# ALTES ARABIEN

## UND DIE ISLAMISCHE WELT

In der Reihe *Alltagsleben damals* sind erschienen:
– Altes Ägypten
– Altes Griechenland
– Altes Rom
– Das Mittelalter
– Mayas, Azteken, Inkas
– Die Kelten
– Die Wikinger



ISBN 3-7886-1343-2

Projektleitung: Anne McRae
Text: Nicola Barber
Berater: Dr. Robert Hoyland
Illustrationen: Manuela Cappon, Gaetano Cavotta, Giacinto Gaudenzi, Sabrina Marconi, Lucia Mattioli, Alessandro Menchi, Paola Ravaglia, Andrea Ricciardi di Gaudesi, Claudia Saraceni, Studio Stalio (Alessandro Cantucci, Fabiano Fabbrucci, Andrea Morandi)
Grafik-Design: Marco Nardi
Layout: Nick Leggett, Starrydog Books
Lektorat: Claire Moore und Anne McRae
Repro: Litocolor, Florenz
Bildrecherche: Claire Moore
Übersetzung: Christel Wiemken

Druck und Bindung: Proost, Belgien

Alltagsleben damals

# ALTES ARABIEN

## UND DIE ISLAMISCHE WELT

Von Nicola Barber

Illustrationen von Manuela Cappon, Gaetano Cavotta, Giacinto Gaudenzi, Sabrina Marconi, Lucia Mattioli, Alessandro Menchi, Paola Ravaglia, Claudia Saraceni, Studio Stalio (Alessandro Cantucci, Fabiano Fabbrucci, Andrea Morandi)

Tessloff Verlag

# Das vorislamische Südarabien

In der Frühgeschichte gab es arabische Völker, die im Süden der arabischen Halbinsel lebten, und andere, die im Norden heimisch waren. Südarabien umfasste das Gebiet der heutigen Staaten Jemen und Oman. Eines der frühesten Königreiche, das in Aufzeichnungen erwähnt wird, war Saba, das vielleicht schon im 10. Jahrhundert v. Chr. existierte. Es ist wahrscheinlich, dass hier die Königin von Saba regierte, von der in der Bibel erzählt und die auch im Koran erwähnt wird.

*Ein goldener Ohrring und Glasperlen aus dem alten Südarabien. Gold wurde in Westarabien abgebaut, und es gibt auch Hinweise auf Goldverarbeitung in Südarabien.*

## Frühe Gesellschaft

Im größten Teil des vorislamischen Arabien war die Gesellschaft um eine Sippe herum aufgebaut, eine Gruppe von Menschen, die von engen Familienbanden und gemeinsamen Vorfahren zusammengehalten wurden. Die Angehörigen einer Sippe standen einander bei kriegerischen Auseinandersetzungen bei. Außerdem gab es eine Reihe von Königreichen, von denen Saba mit seiner Hauptstadt Marib das berühmteste war. Unsere Kenntnisse über Saba, das vom 8. Jahrhundert v. Chr. bis zum Ende des 3. Jahrhunderts v. Chr. bestand, stammen von Tausenden von Texten auf Stein, Holz und Bronze, die im Jemen gefunden wurden.

*Schwer beladene Kamele transportieren ihre wertvolle Last durch die arabische Wüste nordwärts.*

*Dieser steinere Weihrauchofen aus Südarabien stammt aus dem 1. Jahrundert v. Chr. Darin wurde das Harz des Weihrauchbaums zusammen mit Myrrhe erhitzt.*

## Die Karawanenstraßen

Die wertvollsten Waren Südarabiens wurden in den Häfen an der Südwestküste auf Schiffe verladen oder auf Kamelen durch die Wüste in den Norden transportiert. Lange, mit Gewürzen und Aromastoffen beladene Kamelkarawanen schleppten sich über die staubigen Wüstenpfade. Das um 900 v. Chr. von arabischen Nomaden domestizierte Kamel ist ein kräftiges Tier, und weil es Wasser in seinem Höcker speichert, kann es lange Zeit ohne Trinkwasser auskommen. Der Einsatz von Kamelen als Packtiere ermöglichte die Einrichtung neuer Handelswege.

## Arabia felix

Die Römer nannten diese Region „Arabia felix“ (glückliches Arabien), weil sie im Rufe großen Reichtums stand. Diesen Ruf verdankte sie dem Handel vor allem mit Gewürzen und Aromastoffen wie Weihrauch und Myrrhe. Diese Stoffe wurden als Parfums, in der Medizin und bei religiösen Zeremonien benutzt. Handelsrouten führten nach Mesopotamien, nach Ägypten, in den östlichen Mittelmeerraum, nach Indien und sogar nach China.

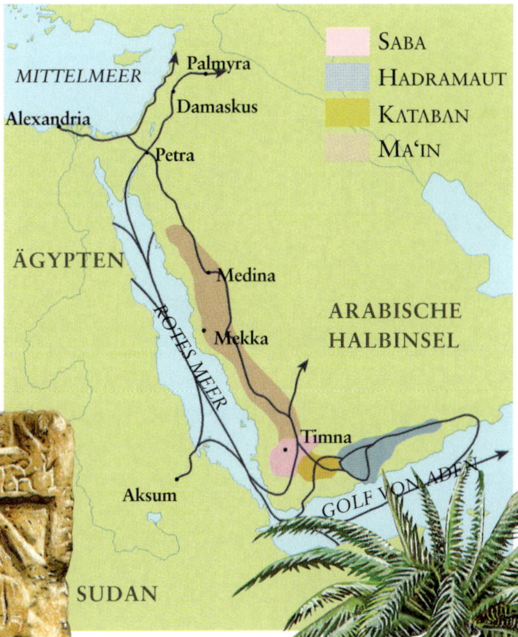


*Die südarabischen Königreiche – Saba, Kataban, Hadramaut und Ma'in – exportierten Gewürze und Weihrauch in viele Länder.*

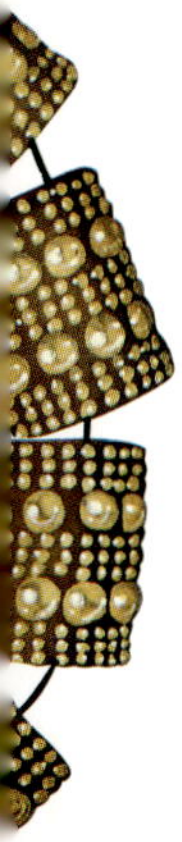

## Landwirtschaft

Die Menschen im alten Südarabien waren auf den Ackerbau angewiesen. Da es in Arabien nur selten regnet, mussten Methoden zum Auffangen, Speichern und Verteilen von Wasser erfunden werden. Im 7. Jahrhundert v. Chr. bauten die Sabäer bei Marib einen großen Staudamm, der die Bewässerung von rund 9600 Hektar Land ermöglichte. Es wurden zahlreiche verschiedene Feldfrüchte angebaut, darunter Getreide wie Weizen, Gerste und Mohrenhirse.

*Zwei Ochsen ziehen den Pflug eines sabäischen Bauern. Eine gute Ernte war zum Überleben unerlässlich.*

*Zu den Bewässerungssystemen gehörten Staudämme, Brunnen und Zisternen zum Stauen und Speichern von Wasser und Kanäle, die es zu den Feldern brachten. Um das Abfließen von Wasser zu verhindern, wurden Bergflanken oft terrassenförmig abgestuft.*

*Diese Münze trägt das Bild des Nabatäer-Königs Aretas IV. und die Inschrift „König von Nabatu, der sein Volk liebt".*

# Das vorislamische Nordarabien

Nordarabien umfasste das Gebiet der heutigen Staaten Saudi-Arabien, Jordanien und Syrien. Es ist eine unwirtliche Region aus Wüsten, Steppen und Gebirgen. Ackerbau ist nur an wenigen Orten, im Umkreis von Oasen, möglich. Dort hatten sich relativ wenige Menschen angesiedelt. Die meisten Bewohner Nordarabiens waren Nomaden, die mit ihren Viehherden im Land umherzogen. Über diese frühen Nordaraber wissen wir nur sehr wenig. Besser informiert sind wir über die Nabatäer, die im 2. Jahrhundert v. Chr. ein Königreich gründeten, dessen Hauptstadt Petra war.

## Die Nabatäer

Die Nabatäer waren Nomaden, die ursprünglich im Grenzgebiet zwischen Arabien und Syrien lebten. Im 5. und 4. Jahrhundert v. Chr. wanderten sie südwärts und bemächtigten sich der Handelsstraßen. Der Handel machte sie reich, denn der Weg der Kamelkarawanen von Südarabien zum Mittelmeerraum führte durch Petra. Auf der Höhe seiner Macht reichte das Nabatäerreich vom Golf von Akaba bis zum Toten Meer.

*Diese Kalksteinbüste einer reich geschmückten Adligen wurde im 2. Jahrhundert n. Chr. in Palmyra geschaffen.*

## Palmyra

Die Stadt Palmyra im heutigen Syrien wurde um eine Quelle herum gebaut und lag an einem der wichtigsten Handelswege nach Mesopotamien. Zur Blüte gelangte Palmyra im 3. Jahrhundert n. Chr, als es bereits eine römische Kolonie war. Während der Regierungszeit von Königin Zenobia eroberten ihre Heere einen großen Teil von Kleinasien. Palmyra erklärte sich von Rom unabhängig, aber Kaiser Aurelian eroberte die Stadt 272 n. Chr. zurück.

*Die Beduinen lebten in leicht tragbaren Zelten, die ihnen Schutz vor den Unbilden der Wüste boten.*

*Die nomadisch lebenden Beduinen besaßen Schaf- und Ziegenherden sowie Kamele.*

## Die Beduinen

Die Bewohner der Wüsten Nordarabiens wurden Beduinen genannt. Einige Beduinenstämme siedelten sich im Umkreis der Wüstenoasen an, von denen viele an den Handelswegen lagen, die Südarabien mit dem Norden verbanden. Sie profitierten als „Mittelsmänner" von diesem Handel. Aber die meisten Beduinen waren Nomaden. Kleine, verwandtschaftlich eng miteinander verknüpfte Sippen wanderten auf der Suche nach Wasser und frischem Weideland umher. Oft überfielen sie auch benachbarte Regionen oder vorbeiziehende Kamelkarawanen.

*Auf dem großen, offenen Markt von Petra bieten Händler ihre Waren feil, und eine Kamelkarawane trifft ein.*

## Petra

Die alte Stadt Petra, einst Hauptstadt des Nabatäerreichs, liegt im heutigen Jordanien auf einer Hochebene, umgeben von einem Sandsteingebirge mit zahlreichen Wadis (Wüstenflüssen, die nur nach starkem Regen Wasser führen). Es gab jedoch einen Fluss, der die Stadt ständig mit Wasser versorgte. Die Gebäude der Stadt wurden aus dem Stein des Gebirges herausgehauen, darunter Tempel, Grabmäler, Märkte und ein Theater. Ihr Baustil weist griechische und römische Elemente auf und zeugt von der engen Verbindung der Nabatäer mit dem Römischen Reich.

*Nach dem Zerfall des Weströmischen Reichs kam Petra (vom 4. Jahrhundert n. Chr. an) unter byzantinische Herrschaft. Dieses Mosaik schmückte den Fußboden einer großen, von den Byzantinern in Petra erbauten Kirche.*

*Diese blauen und gelben Glasgefäße aus dem 5. Jahrhundert v. Chr. dienten zur Aufbewahrung von Duftstoffen.*

# Vorislamische Religionen

Über die Religionen im vorislamischen Arabien wissen wir nicht viel. Hinweise lieferten Inschriften sowie Gedichte und Bemerkungen in der altgriechischen Literatur. Auch einige frühe muslimische Gelehrte haben Informationen über die vorislamischen Götter und Rituale gesammelt. Die alten Araber glaubten an einen allmächtigen Übergott, der zusammen mit einer Reihe von untergeordneten Göttern und Göttinnen sowie Objekten wie Steinen und Bäumen das Universum regierte. Außerdem beteten sie die Sonne, den Mond und andere Himmelskörper an.

*Das ist eine Statue von Baal, dem Sturm- und Gewittergott der Kanaanäer.*

### Götter und Göttinnen

Die alten Araber verehrten eine Vielzahl von Göttern und Göttinnen. Der Hauptgott der Nabatäer war Dushara, dessen Kult sich über Handelswege bis weit über die Grenzen des Nabatäerreichs hinaus ausdehnte. Die älteste arabische Gottheit war Manat, die zusammen mit den beiden Göttinnen al-Lat und al-Uzza verehrt wurde. Die Araber glaubten auch an Geister und Dämonen, die sie Dschinns nannten.

*Wie diese persische Miniatur zeigt, beteten die alten Araber auch Bäume an.*

### Religiöse Rituale

Die alten Araber hielten bestimmte Orte, darunter Quellen, Berggipfel, Höhlen und Haine, für den Sitz der Götter und Göttinnen. Diese heiligen Regionen wurden gewöhnlich durch eine Reihe von aufrechten Säulen gekennzeichnet. In den Städten hatte man an solchen Orten oft Tempel errichtet. Sie waren gewöhnlich einer bestimmten Gottheit geweiht, die in Gestalt einer Statue oder eines heiligen Steins verehrt wurde. Die Menschen kamen zu diesen heiligen Stätten oder Tempeln, um ihre Rituale und Zeremonien abzuhalten; sie brachten den Göttern Opfer dar, darunter Nahrungsmittel, Milch, Wein für Trankopfer und aromatische Stoffe zum Verbrennen. Auch Tiere wurden geopfert.

## Tod und Jenseits

Die alten Araber ehrten ihre Toten. In Zeiten der Not baten sie ihre toten Vorfahren um Hilfe. Sie glaubten, dass die Seelen der Verstorbenen wieder auferstanden. Die meisten Araber setzten ihre Toten in einem einfachen Grab bei, das mit einem kreisförmigen Steinhaufen abgedeckt wurde. Kleidung, Schmuck, Waffen und sogar ein Kamel wurden mit ihnen begraben. Die Gräber der Reichen waren aufwändiger; sie wurden häufig mit einer Steinplatte abgedeckt, die den Namen des Toten trug.

*Dieses Steintäfelchen mit Gravierung und Inschrift war ein Opfergeschenk an die Göttin Shams.*

*Statuen wie diese, die im 1. Jahrhundert v. Chr. in Südarabien geschaffen wurde, dienten oft als Grabbeigaben.*

## Priester und Seher

In einem Heiligtum gab es gewöhnlich einen Wächter, dem alle Araber große Ehrfurcht entgegenbrachten. Obwohl es keine eigentliche Priesterschaft gab, hielt ein solcher „Priester“ den Tempel instand, half den Besuchern bei ihren Ritualen und Opfern und bewachte die Geschenke an die Götter. Ein Priester oder eine Priesterin empfing auch Ratschläge der Götter, die sie an die Gläubigen weitergaben. Außerdem gab es Seher mit übernatürlichen Kräften, die die Zukunft vorhersagen konnten.

*Dieser Kopf stammt möglicherweise aus Petra und könnte einen Priester darstellen. Er trägt einen Bart und mehrere Reihen von spiralförmigen Locken unter seiner Kappe.*

*Auch große Steine markierten heilige Orte, die oft im Schatten eines Berges oder neben einer Quelle lagen. Auf dieser Illustration wird ein Kamel an einen solchen Ort gebracht, um dort geopfert zu werden.*

## Rebellion gegen die neue Religion

Nach dem Tod des Propheten Mohammed trat sein Schwiegervater und enger Freund Abu Bakr an die Spitze der muslimischen Gemeinschaft. Er war der erste Kalif, was „Nachfolger“ oder „Vertreter“ bedeutet. Viele Muslime lehnten sich gegen seine Führerschaft auf und weigerten sich, die Steuern zu zahlen, die Mohammed ihnen auferlegt hatte. Abu Bakr reagierte schnell und entsandte Truppen in die Zentren der Rebellion. Diese Niederschlagung der Aufstände wurde Ridda-Kriege genannt.

*Abu Bakr (um 573-634) war einer der engsten und ältesten Freunde Mohammeds und der Vater von dessen Lieblingsfrau Aischa.*

*Auf dieser persischen Miniatur gibt ein Muslim einem armen Mann ein Almosen.*

## Die Kaaba

Das Wort Kaaba bedeutet „Würfel“, und dieses schlichte, aus Steinblöcken errichtete Bauwerk wurde zum größten Heiligtum des Islam. In Mohammeds Jugendjahren beteten die Menschen an der Kaaba zu vielen verschiedenen Göttern. 629 eroberten Mohammed und seine Anhänger die Stadt Mekka endgültig zurück und entfernten alle Götzenbilder aus der Kaaba. Heute ist die Kaaba Ziel der Pilgerreise nach Mekka, die auf Arabisch Hadsch genannt wird (siehe Seite 32).

*Mekkanische Moslems scharen sich um die Kaaba, das islamische Heiligtum.*

*Der Felsendom in Jerusalem wurde 691 fertiggestellt. Seine Kuppel ruht auf einer achteckigen Basis und wird von zwölf Säulen und vier Pfeilern gestützt. Die Außenseite der Kuppel ist vergoldet, das Innere mit Mosaiken geschmückt. Auch die Bögen zwischen den Säulen sind mit Mosaiken bedeckt, von denen einige wenige von dem ursprünglichen Bauwerk erhalten geblieben sind. Der Felsendom war keine Moschee für die täglichen Gebete, sondern ein Wallfahrtsort.*

1. Die Kuppel ist mit vergoldeten Kupferplatten gedeckt.
2. Farbige Fliesen aus der osmanischen Zeit
3. Der untere Teil der Wände ist mit Marmor verkleidet.
4. Achteckige Basis
5. Einer von vier Eingängen
6. Der heilige Felsen
7. Im Innern schmücken Mosaiken das Bauwerk.
8. 12 Säulen und vier Pfeiler tragen die Kuppel.

# Die neue Religion

*Dieser Messingkrug wurde im 7.–9. Jahrhundert – der frühislamischen Periode – in Basra im Südirak geschaffen.*

Im 7. Jahrhundert n. Chr. hingen die Menschen in Arabien vielen verschiedenen Religionen an. Es gab Christen und Juden; andere Menschen beteten zu einer Vielzahl von Göttern. Vielen fiel es schwer, die revolutionäre Botschaft des Propheten Mohammed zu akzeptieren, und zu seinen Lebzeiten musste Mohammed Verfolgung und Ablehnung ertragen. Danach breitete sich der Islam außerordentlich schnell aus. Zur Zeit von Mohammeds Tod im Jahre 632 hatte der Islam im größten Teil der arabischen Halbinsel, Mekka eingeschlossen, festen Fuß gefasst. Im folgenden Jahrhundert wurde der Islam von muslimischen Heeren über ein großes Gebiet verbreitet.

## Der Felsendom

In den Anfangsjahren seiner Predigerzeit erklärte Mohammed Jerusalem, das 638 von den Muslimen erobert wurde, zu einer heiligen Stadt. Der Omaijaden-Kalif Abd al-Malik ließ den Felsendom als erstes großes islamisches Monument und als Zeichen des muslimischen Triumphes in Jerusalem erbauen. In seinem Zentrum befand sich der heilige Fels, von dem aus Mohammed seine Nachtreise angetreten haben soll.

## Die Ausbreitung des Islam

Nach dem Tod Mohammeds wurde der Islam durch die Ridda-Kriege auf der arabischen Halbinsel verbreitet. Damit war der Weg für eine weitere Expansion frei. Nach anfänglichem Widerstand traten die Bewohner vieler Länder zum Islam über. Die muslimischen Heere zogen nord- und ostwärts durch Palästina, Irak und Iran und bis nach Indien; westwärts drangen sie über Ägypten bis nach Nordafrika vor.

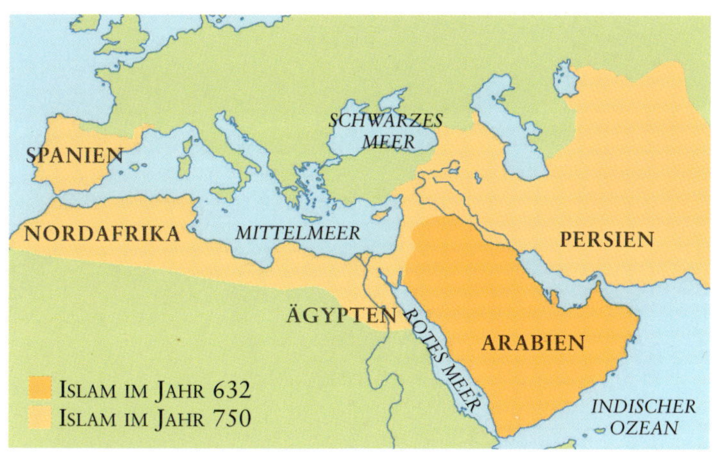


*Ein fränkisches Heer, das die Muslime 732 nahe der französischen Stadt Tours vernichtend schlug, verhinderte ihr weiteres Vordringen nach Norden.*

# Kriege und Krieger

**Die ersten wichtigen Schlachten in der Geschichte des Islam fanden zu Mohammeds Lebzeiten und unter seiner Führerschaft statt, und zwar bei Badr (624) und bei Uhud (625) gegen die Mekkaner, aber beide brachten keine Entscheidung. Als Mohammed Mekka 630 eroberte, war sein Ansehen als großer Anführer unumstritten. Nach seinem Tod folgten die ersten vier Kalifen dem Beispiel des Propheten und dehnten die islamische Welt mit Hilfe ihrer getreuen Krieger immer weiter aus.**

## Die Eroberungen

Als Mohammed starb, gehörte das Land nördlich der arabischen Halbinsel teils zum Byzantinischen Reich, teils zu Persien. Anfang des 7. Jahrhunderts lagen diese beiden Reiche ständig miteinander im Krieg und hatten dem Ansturm der Muslime nichts entgegenzusetzen. Im Jahr 636 schlug ein muslimisches Heer unter General Khalid ibn al-Walid die Byzantiner und eroberte Syrien. Ein Jahr später wurden auch die sassanidischen Heere geschlagen, und die muslimischen Truppen zogen in ihre Hauptstadt Ktesiphon (im heutigen Irak) ein. In den 670er-Jahren brachten die Muslime auch die byzantinische Stadt Alexandria in Ägypten und weitere Teile Nordafrikas unter ihre Kontrolle.

*711 erreichten muslimische Eroberer Spanien. Auf dieser französischen Miniatur sind die muslimischen Krieger als Teufel dargestellt. Christen bezeichneten Muslime oft als „Ungläubige“. In den eroberten Gebieten stationierten die Eroberer Truppen und erlegten den unterworfenen Völkern Steuern auf.*

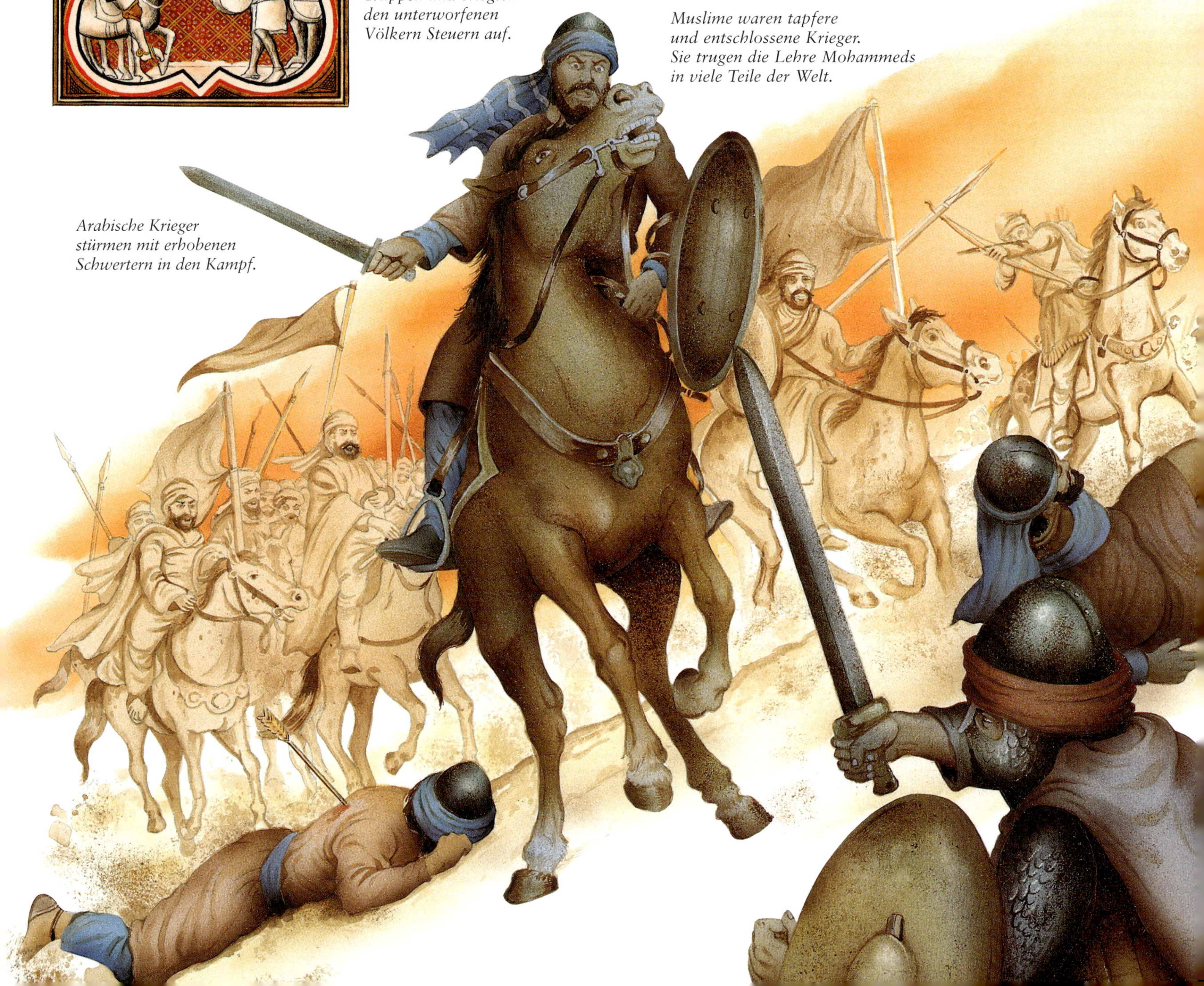

*Muslime waren tapfere und entschlossene Krieger. Sie trugen die Lehre Mohammeds in viele Teile der Welt.*

*Arabische Krieger stürmen mit erhobenen Schwertern in den Kampf.*

## Muslimische Krieger

Die frühen muslimischen Krieger ritten auf Pferden oder Kamelen und waren mit Bogen, Speeren und Schwertern bewaffnet. Sie trugen Kettenhemden und Helme und schützten sich außerdem mit kleinen runden Schilden. Auch Frauen spielten im Kampf eine Rolle; oft verteidigten sie das arabische Lager gegen Angreifer, feuerten die Männer an und kümmerten sich um die Verwundeten.

*Helme wie dieser wurden von Muslimen im Kampf getragen. Einen ähnlichen Helm trug Mohammed in der Schlacht von Uhud (625).*

## Kampftaktiken

Die frühen muslimischen Krieger waren Angehörige von Stämmen, die es gewohnt waren, sich zu verteidigen. Deshalb waren sie weniger anspruchsvoll als konventionellere Heere, die auf Nachschub angewiesen waren. Diese Muslimkrieger waren leicht bewaffnet und auf ihren Pferden oder Kamelen schnell und sehr beweglich. Später gab es Berufsheere, die in geordneten Schlachtformationen kämpften.

Der Prophet Mohammed mit seiner Tochter Fatima und ihrem Gatten Ali, der außerdem ein Vetter Mohammeds war.

# Die Fatimiden

Die Dynastie der Fatimiden regierte vom frühen 10. bis zum späten 12. Jahrhundert über weite Teile der islamischen Welt. Die Fatimiden waren Schiiten. Ihren Namen gaben sie sich nach Fatima, der Tochter Mohammeds und Gemahlin von Ali, dem vierten Kalifen. Auf sie führten sie ihre Abstammung zurück. Ihr Bestreben war es, die Abbasiden zu stürzen, die Sunniten waren. Von Nordafrika und Sizilien ausgehend, dehnten die Fatimiden ihr Reich ostwärts nach Ägypten und darüber hinaus aus, teils mit militärischer Gewalt, teils durch die Entsendung von Missionaren.

Dieses Medaillon befindet sich an einem Torbogen der Akmar-Moschee in Kairo, die 1125 fertiggestellt wurde. Im Zentrum des Medaillons steht der Name von Ali, der nach schiitischer Ansicht der erste Kalif war.

## Ägypten, das Zentrum der Macht

Die Fatimiden kamen 909 in Nordafrika an die Macht. Um die Bastionen der Abbasiden angreifen zu können, mussten sie sich nach Osten ausbreiten, und 969 eroberten sie das Niltal. In der Nähe des alten Verwaltungszentrums Al Fustat erbauten sie Al Kahira (Kairo) als neue Hauptstadt. Der erste Großbau in Al Kahira war die Ashar-Moschee, mit der eine Hochschule verbunden war, die rasch zu einem Zentrum schiitischer Gelehrsamkeit wurde. Im 11. Jahrhundert dehnten die Fatimiden ihren Machtbereich bis nach Syrien und über Teile von Westarabien aus.

Kaufleute tragen Nahrungsmittel, die nach Europa oder Asien verschifft werden sollen.

## Handel und Wandel

Die Fatimiden förderten den Handel mit dem gesamten Islamischen Reich, um Reichtum zu erwerben und ihren Einfluss zu vergrößern. Sie entwickelten Landwirtschaft und Handwerk und exportierten ägyptische Erzeugnisse. Sie kontrollierten wichtige Häfen wie Alexandria und Tripolis, und ihre Flotten besegelten das Mittelmeer.

*Dieses Glasgewicht wurde in der Fatimiden-Zeit bei Handelsgeschäften benutzt.*

## Missionare

Die Fatimiden bedienten sich ihrer Heere für Eroberungszüge, aber sie verfügten auch über ein riesiges Netzwerk von Missionaren, die gegen die Abbasiden agierten. Diese Missionare wurden in den von den Fatimiden begründeten Zentren der Gelehrsamkeit ausgebildet. Danach wurden sie in von den Abbasiden beherrschte Länder geschickt, wo sie gegen die Sunniten arbeiteten und versuchten, die Menschen zum schiitischen Islam zu bekehren. Die Fatimiden förderten den Handel, und Kaufleute und Händler verbreiteten gleichfalls den schiitischen Glauben.

*Eine Wandmalerei aus einem Bad in Kairo (11. Jahrhundert).*

*Gebetsteppiche wie diese gab es in fast allen Moscheen Kairos.*

*Dieser Marmorkrug wurde im 11. oder 12. Jahrhundert in Ägypten hergestellt.*

## Die Kunst der Fatimiden

Die Fatimiden verdankten ihren großen Reichtum dem Handel. Kairo wurde zu einem wichtigen künstlerischen Zentrum der islamischen Welt, und geschickte Kunsthandwerker arbeiteten mit Elfenbein, Holz und Metallen. Hochwertige Güter wie etwa Möbel wurden von Kairo aus in den gesamten Mittelmeerraum exportiert.

*Dieser aus einem einzigen Stück Bergkristall gefertigte Krug ist in der Fatimiden-Zeit in Ägypten entstanden. Die dekorativen Schnörkel und Tiere sind typisch für die Kunst dieser Epoche.*

*Salah ad-Din (1137–1193), im Westen Saladin genannt, war ein großer Heerführer.*

# Die Kreuzzüge

Im Jahr 1169 wurde ein kurdischer General namens Salah ad-Din (Saladin) im fatimidischen Ägypten zum Wesir (Premierminister) ernannt. Zwei Jahre später beendete Saladin die Fatimiden-Herrschaft und verkündete die Rückkehr zum sunnitischen Glauben in Ägypten. Er war ein geschickter und weiser Herrscher und förderte die Gelehrsamkeit. Außerdem schuf er ein starkes Heer für den Kampf gegen die christlichen Kreuzritter, die im 12. und 13. Jahrhundert versuchten, Jerusalem und andere Orte im Heiligen Land zu erobern.

## Die Belagerung von Aleppo

Die Zitadelle von Aleppo im Norden Syriens steht auf einer Anhöhe im Zentrum der Stadt. Hier widerstanden die Muslime im 12. Jahrhundert den Kreuzrittern; 1224/25 wurde sie von ihnen belagert. Festungen wurden mit vielen verschiedenen Belagerungsmaschinen angegriffen, darunter Rammböcken, fahrbaren Türmen, von denen aus die Angreifer die Mauerkrone erreichen konnten, und Schleudern, die Steine und andere Geschosse warfen. Die meisten Belagerungen endeten jedoch, weil die Eingeschlossenen unter Hunger und Krankheiten litten.

*Den Kreuzrittern gelang es nicht, Aleppo zu erobern. Hier schießt ein Muslim mit seinem Bogen Pfeile ab, während andere die Angreifer mit Schwertern und Säbeln attackieren.*

## Muslimische Krieger

Die Truppen Saladins waren leicht bewaffnet und sehr beweglich. Viele trugen Kettenhemden, die sie wesentlich weniger behinderten als die schweren Rüstungen, in denen die Kreuzritter kämpften. Außerdem waren ihre Pferde im Vergleich zu den Streitrössern der Kreuzritter klein und wendig. Die Muslime kannten auch verschiedene Nachrichtensysteme, darunter Rauchsignale, Feuer und Brieftauben.

*Dieser Muslimkrieger ist mit einem Schwert und einem Schild, einer Axt sowie Pfeil und Bogen bewaffnet.*

*Einige Kreuzritter waren mit einer Armbrust bewaffnet. Sie hatte eine größere Reichweite als ein Bogen, aber das Nachladen dauerte länger.*

*Die Miniatur links zeigt, dass die militärische Ausbildung oft in Form von Kriegsspielen erfolgte.*

*Die Belagerung von Jerusalem dauerte vom 20. September bis zum 2. Oktober 1187. Sie endete mit der Kapitulation der Kreuzritter. Anders als bei der Eroberung der Stadt durch die Christen 88 Jahre zuvor richteten Saladins Truppen kein Blutbad unter den Einwohnern an.*

*Ein Kreuzritter ergibt sich Saladin nach der Schlacht von Hittin.*

## Sieg in Jerusalem

Seinen größten Sieg gegen die Kreuzritter errang Saladin 1187. Damals war Jerusalem in christlicher Hand. Im Jahr 1187 fügte Saladin einem Kreuzritterheer bei Hittin im Norden Palästinas eine vernichtende Niederlage bei. Nach diesem Sieg marschierte sein Heer nach Jerusalem und eroberte nach einer kurzen Belagerung die Stadt. Der Verlust Jerusalems war für die Christen ein schwerer Schlag und führte zum Dritten Kreuzzug (1189-1192).

## Beutegut

Wo immer die Kreuzritter hinkamen, plünderten und stahlen sie und brachten oft auch Gegenstände von großem Wert mit nach Hause. Viele von ihnen wurden Kirchenschätzen einverleibt. Aber die Kreuzritter brachten von ihren Reisen in den Osten auch neue Ideen und Vorlieben mit. Die Ideen, zum Beispiel wissenschaftliche Erkenntnisse, waren denen der westlichen Welt häufig weit überlegen. Außerdem lernten sie neue Nahrungsmittel, wie Rohrzucker, Zitrusfrüchte und Gewürze, kennen.

*Dieser Seidenstoff wurde im 10. Jahrhundert im Osten des Iran gewebt. Er wurde nach dem Ersten Kreuzzug nach Europa gebracht und zum Verhüllen von kostbaren Reliquien in einer nordfranzösischen Abtei benutzt.*

*Die Kreuzritter brachten neue Nahrungsmittel nach Europa.*

*Dieses metallene Weihrauchgefäß in Form eines Löwen wurde im 10. oder 11. Jahrhundert in Persien hergestellt.*

### Kultur und Wissenschaft

Im Alltag sprachen die Seldschuken Türkisch, übernahmen aber das Persische als Literatur- und Kultursprache. Während der Regierungszeit von Alp Arslan (1063–1072) und seinem Sohn Malik Schah (1072–1092) gelangten die seldschukische Kunst, Architektur und Literatur zu einer Hochblüte. Eine überaus einflussreiche Persönlichkeit dieser Epoche war der Wesir (Premierminister) Nisam al-Mulk. Er schrieb ein Buch über das Regieren, das „Siyasatnama“, in dem er die Grundsätze der Verwaltung entwickelte. Er förderte auch die Gelehrsamkeit auf allen Wissensgebieten – Musik, Erdkunde, Naturwissenschaften, Medizin und Architektur.

*Toghrilbeg beim Gebet. Mit seinem Bruder Tschagribeg gründete er das Seldschukenreich.*

*Dieser Messingkrug stammt aus dem späten 12. Jahrhundert. Er wurde vermutlich in Herat (im heutigen Afghanistan) geschaffen, das in der Seldschukenzeit ein Zentrum der Metallverarbeitung war.*

# Die Seldschuken

Die Seldschuken waren die Nachkommen türkischer Nomaden, die in Zentralasien lebten. Ende des 10. Jahrhunderts wanderten sie in von Muslimen beherrschte Regionen ein und traten bald zum sunnitischen Islam über. Unter ihrem Führer Seldschuk und dessen Enkeln Tschagribeg und Toghrilbeg eroberten sie rasch große Teile Persiens und Mesopotamiens (heute Iran und Irak). Tschagris Sohn Alp Arslan setzte die Erweiterung des Seldschukenreichs fort, indem er 1071 bei Manzikert ein gewaltiges byzantinisches Heer besiegte. Die Seldschuken blieben bis Ende des 12. Jahrhunderts an der Macht.

*Auf dieser Wirtshausszene im Iran spielen Musiker auf einer Laute (Mitte), einem Tamburin (links) und einer Harfe (rechts).*

### Die Architektur der Seldschuken

Im Seldschukenreich gelangte die islamische Architektur zu neuer Blüte. Es wurden Moscheen, Hospitäler, Medresen (islamische Hochschulen) und Mausoleen (Grabmäler) gebaut. Die Seldschuken förderten den Handel und sorgten mit dem Bau von Karawansereien an den Haupt-Handelsrouten dafür, dass die Kaufleute sichere Unterkünfte fanden. Medresen und Moscheen dienten dem Studium des sunnitischen Islam und ermöglichten den Muslimen ihre Gebete. Unter dem Wesir Nisam Al Mulk entwickelte die islamische Architektur einige Besonderheiten wie etwa muschelförmige Nischen, die Iwane genannt wurden und einander in den Innenhöfen von Moscheen und Medresen paarweise gegenüberlagen.

*Die große Freitagsmoschee in Isfahan wurde auf dem Gelände einer früheren Abbasiden-Moschee erbaut. Der hier abgebildete Südiwan zeigt die Gebetsrichtung an und wird von zwei Minaretten (Türmen) flankiert.*

*Kaufleute rasten in einer Karawanserei.*

*Studenten hören ihren Lehrern in einer Medrese interessiert zu.*

*Ein seldschukisches Hospital. In Bagdad wurde das erste Hospital bereits im 9. Jahrhundert eröffnet.*

## Medresen und Hospitäler

Um das korrekte Studium des Islam zu gewährleisten, ließ Nisam Al Mulk in jeder bedeutenden Stadt des Seldschukenreichs eine Medrese (islamische Hochschule) bauen. Die Studenten beschäftigten sich eingehend mit dem Koran, es wurden aber auch andere Fächer wie Literatur und Mathematik gelehrt. Viele der Medresen der Seldschukenzeit waren aufwändige Bauwerke, für die wegen der wichtigen Rolle, die sie im Reich spielten, sehr viel Geld ausgegeben wurde. Hospitäler wurden oft neben einer Medrese gebaut, ebenso Suppenküchen für die Armen sowie Apotheken und Spitäler für alte Leute.

# Islamische Frömmigkeit

Ibadah ist ein überaus wichtiger Bestandteil des Lebens eines Muslims. Das Wort bedeutet „Dienst an Allah" und meint ein stetes Denken an Allah in allen Bereichen des täglichen Lebens. Ein Muslim hat fünf Pflichten, die als die „Fünf Säulen des Islam" bezeichnet werden. Die erste ist der Schahada, die Glaubensbezeugung; die zweite das Salat oder rituelle Gebet, das fünfmal am Tag stattfindet; die dritte ist das Sakat, das Almosengeben in Form einer Steuer; die vierte ist der Saum, das Fasten; und die fünfte der Hadsch, die Pilgerreise nach Mekka.

*Fast in jeder Moschee gibt es einen großen, mit Teppichen ausgelegten Betraum. Der Brunnen im Hof wird für die rituellen Waschungen gebraucht, die vor dem Gebet ausgeführt werden müssen.*

*In dieser osmanischen Schatulle aus dem 16. Jahrhundert wurden dreißig Koran-Handschriften aufbewahrt.*

## Die Moschee

Die Moschee ist der Ort, an dem sich die Muslime zum Gebet versammeln. Das Wort „Moschee" ist vom arabischen „masdschid" abgeleitet, was „Ort der Niederwerfung" bedeutet, das heißt einer, an dem die Muslime vor Allah niederknien. Eine Moschee braucht nicht unbedingt ein Gebäude zu sein, und in der Frühzeit des Islam wurde in Häusern, auf freiem Feld oder auf offenen Plätzen gebetet. Das Gebet in einer Moschee wird von einem Vorbeter oder Imam angeführt. Eine Nische oder ein Alkoven, Mihrab genannt, gibt die Richtung an, in der Mekka liegt und in die sich alle Betenden wenden müssen. Rechts neben dem Mihrab befindet sich der Minbar, eine Kanzel, von der aus der Imam bei bestimmten Anlässen eine Predigt hält.

*Die offene Hand stammt aus der Alhambra in Granada und symbolisiert die „Fünf Säulen des Islam".*

## Gebet und Glaube

Ursprung des heutigen Gebetsverhaltens der Muslime ist das Leben und das Vorbild des Propheten Mohammed, das in der Sunna niedergelegt ist. Die Sunna besteht aus der Hadith – den Aussprüchen und Taten des Propheten – und der Sirah, den biographischen Schriften über ihn. Das heilige Buch der Muslime ist der Koran. Der Text des Koran wurde Mohammed vom Erzengel Gabriel und Allah selbst offenbart.

*Der Hauptbestandteil einer Moschee ist ein Turm an der Außenseite, der Minarett genannt wird und von dem aus ein Mann, der Muezzin, die Muslime zum Gebet ruft.*

*Diese Miniatur aus dem 13. Jahrhundert zeigt Pilger auf dem Weg nach Mekka.*

## Der Hadsch

Die fünfte Säule des Islam ist der Hadsch, die Pilgerreise nach Mekka. Jeder erwachsene Muslim sollte den Hadsch mindestens einmal im Leben unternehmen. Er ist bereits seit der Frühzeit des Islam ein Bestandteil muslimischen Lebens. Alljährlich verließen Gläubige aus allen Teilen der Welt ihre Heimat und machten sich auf den Weg nach Mekka, wobei sie gelegentlich riesige Entfernungen zurücklegten. Dadurch kamen Menschen aus vielen Ländern miteinander in Kontakt. Der Hadsch löste ein Gemeinschaftsgefühl aus und schuf zugleich ein weitgespanntes Kommunikationsnetz.

*Eine Bestattungsszene auf einer Miniatur aus dem 13. Jahrhundert. Die Muslime brachten ihren Toten sehr viel Respekt entgegen und legten große Friedhöfe an.*

1. MINARETT
2. GEBETSTEPPICHE
3. EIN MANN BEIM STUDIUM DES KORAN
4. EINE MOSCHEE IST NICHT NUR EIN ORT ZUM BETEN, SONDERN AUCH EINER ZUM LESEN UND STILLEN NACHDENKEN.
5. DAS RITUELLE GEBET (SALAH) WIRD FÜNFMAL AM TAG VOLLZOGEN.

# Die Mongolen

*Zwei mongolische Krieger zu Pferde. Manche Muslime übernahmen von den Mongolen die Sitte, das Haar lang zu tragen, und den Stil der Kleidung.*

Die Mongolen waren ursprünglich Nomaden, die mit ihren Schaf- und Ziegenherden auf der Suche nach neuem Weideland über die Steppen Zentralasiens wanderten. Anfang des 13. Jahrhunderts gelang es Dschingis Khan, die Mongolenstämme unter seiner Herrschaft zu vereinen. Dschingis Khan dehnte das Mongolenreich westwärts bis nach Russland und ostwärts bis nach Nordchina aus. Auf seinem Höhepunkt gehörten auch der Iran, Anatolien und der Irak zu seinem Herrschaftsbereich. Damit wurde erstmals seit über 600 Jahren ein großer Teil der islamischen Welt von Nicht-Muslimen regiert.

*Dschingis Khans Jugendname war Temüdschin. Er wurde zwischen 1155 und 1167 geboren und starb 1227.*

## Militärische Erfolge

Nachdem er 1206 zum Khan (Herrscher) ausgerufen worden war, machte sich Dschingis Khan daran, ein überaus schlagkräftiges und diszipliniertes Heer aufzustellen. 1209 eroberten die Mongolen Hsi-Hsia an der Nordwestgrenze Chinas und drangen danach ins eigentliche China ein. Die Eroberung Chinas wurde 1279 von Dschingis' Enkel, Kublai Khan, beendet, der die Yüan-Dynastie begründete. Im Westen wüteten die Mongolen in Russland und drangen bis nach Ungarn und Schlesien vor. 1258 wurde Bagdad erobert und der letzte Abbasiden-Kalif getötet.

*Dieses mongolische Kleidungsstück wurde im 14. Jahrhundert aus Seide hergestellt. Seide kam aus China, das damals Teil des Mongolenreichs war.*

## Mongolen unterwegs

Die Mongolen waren ursprünglich Nomaden, die in Stammesverbänden lebten. Die Winter verbrachten sie mit ihren Herden in geschützten Tälern, die Sommer auf hochgelegenem Grasland. Sie lebten in leicht transportierbaren Zelten, Jurten genannt, die aus einem runden Rahmen aus Holzpfosten bestanden, über den Filz oder Tierhäute gespannt wurden. Die Mongolen waren hervorragende Reiter und züchteten kleine, stämmige Pferde, die ihr wertvollster Besitz waren.

*Eine Szene in einem Mongolenlager. Die Mongolen waren Nomaden und dort zu Hause, wo immer sie ihre Zelte aufschlugen.*

## Das Mongolenreich

Die Mongolenheere waren zumeist überaus grausam – viele Tausende von Menschen wurden hingeschlachtet, Städte geplündert und zerstört und Bücher verbrannt. Aber obwohl die Auswirkungen der Mongolen-Herrschaft, auf kurze Zeit gesehen, eindeutig verheerend waren, kehrten in vielen Regionen Ordnung und Wohlstand wieder ein. Zahlreiche Mongolen in den westlichen Teilen des Reiches traten Ende des 13. Jahrhunderts zum Islam über. Sie ließen prachtvolle religiöse Bauten errichten und erneuerten die Traditionen der Gelehrsamkeit.

*Dieser Krug aus weißer Jade wurde in der Timuriden-Zeit geschaffen.*

*Timur Leng genießt die Pracht und den Reichtum seines Hofes.*

*Ein goldener Ohrring einer Muslimfrau. Solche Ohrringe waren sehr wertvoll und teuer. Reiche Mongolinnen trugen Gewänder aus chinesischer Seide, einfache Frauen dagegen weite Hosen.*

*Die Jurten der Mongolen konnten mühelos abgebaut werden, wenn die Zeit zum Weiterziehen gekommen war. Innen waren sie gewöhnlich mit Teppichen ausgestattet, und bei kaltem Wetter wurde in einer Kohlenpfanne ein Feuer angezündet.*

## Samarkand und die Timuriden

Ende des 13. Jahrhunderts war das riesige Mongolenreich bereits in mehrere kleinere Teile zerbrochen. Im 14. Jahrhundert unternahm der Muslim Timur Leng (Tamerlan) einen letzten verzweifelten Versuch, das Reich wieder zu einen. Timur, der behauptete, ein Nachkomme von Dschingis Khan zu sein, machte Samarkand zu seiner Hauptstadt. Hier versammelte er die besten Gelehrten, Künstler, Architekten und Stadtplaner. Sie schufen eine wunderschöne Stadt, und viele der Moscheen, Medresen, Karawansereien und Mausoleen kann man noch heute bewundern.

*Das Gur Emir-Mausoleum in Samarkand. Hier wurden Timur und seine Nachkommen beigesetzt.*

# Die Mamelucken

Die Bezeichnung Mamelucken ist von dem arabischen Wort „malaka“ abgeleitet, das „besitzen“ bedeutet. Die Mamelucken waren ursprünglich Sklaven, die in den muslimischen Heeren kämpften. Im Jahr 1250 stürzten die Mamelucken die (von Saladin begründete) Dynastie der Aijubiden, und der Mamelucken-General Baibars eroberte Ägypten und Syrien. Die Mamelucken-Herrschaft hatte bis 1517 Bestand, wird aber zumeist in zwei Epochen unterteilt. Die erste, die der Bahriden, dauerte bis 1382 und war eine Zeit der Expansion. In der zweiten Epoche, die der Burtschiden (1382–1517), verfiel das Reich in dem Maße, in dem das Osmanische Reich mächtiger wurde.

*Vier mameluckische Reiter beim Exerzieren an einem quadratischen Teich. Die Mamelucken waren ursprünglich in allen militärischen Techniken ausgebildete türkische Sklaven.*

*Eine Szene in einer Schenke. Die meisten Schenken wurden von Christen geführt. Anfangs verhielten sich die Mamelucken Christen und Juden gegenüber sehr tolerant, aber das änderte sich in der späteren Zeit ihrer Herrschaft.*

*Dieser Krug zum Aufbewahren von Arzneimitteln stammt aus dem 14. Jahrhundert.*

## Die mameluckische Gesellschaft

Die Mamelucken machten Kairo zu ihrer Hauptstadt und setzten dort einen Abbasiden-Kalifen ein, der jedoch nur eine Marionette des Sultans war. In der Bahriden-Zeit bekämpften die Mamelucken sowohl die Kreuzritter als auch die Mongolen und brachten ihrem Reich Frieden und Wohlstand. Kairo, in dem die Mamelucken viele bedeutende Bauwerke schufen, wurde zu einem Handelszentrum. In der Burtschiden-Zeit wurde das Mamelucken-Reich immer korrupter und schwächer. 1517 wurde es von den Osmanen erobert.

*Dieses Weihrauchgefäß wurde im 13. Jahrhundert in Damaskus hergestellt. Es ist mit Silbereinlagen, Mustern und Inschriften verziert.*

## Handel und die Künste

Die Mamelucken förderten den Handel in ihrem Reich. Kairo, Damaskus und Aleppo wurden zu wichtigen Umschlagplätzen für den Güteraustausch zwischen dem Mittelmeerraum und dem Fernen Osten. Waren wie Textilien, Gewürze und Aromastoffe wurden gegen Holz, Metalle, Glas und Papier eingetauscht. Dieses Zusammentreffen von Ost und West spiegelt sich im Dekor von Gegenständen wie keramischen Gefäßen und Teppichen. So finden sich zum Beispiel chinesische Motive wie Chrysanthemen und Pfingstrosen auf vielen Artefakten oder wurden in den Schmuck von Bauwerken einbezogen.

*Ein Mameluckenteppich aus dem 15. Jahrhundert. Kairo war berühmt für die dort hergestellten Teppiche, die in die gesamte muslimische Welt und nach Europa exportiert wurden.*

*Eine Teppich-Manufaktur der Mameluckenzeit. Typisch für Teppiche aus dieser Epoche sind geometrische Muster.*

## Moscheen und Mausoleen der Mamelucken

Die Mamelucken gewannen Ruhm mit den Bauwerken, die sie in Kairo errichten ließen, insbesondere ihren prächtigen Mausoleen. Bei den Mamelucken-Sultanen war es Brauch, Mausoleen für ihre eigene Bestattung bauen zu lassen. Diese Tradition wurde von den türkischen Bahriden begründet und von den tscherkessischen Burtschiden fortgesetzt. Die Bauwerke der Mamelucken-Zeit zeichnen sich durch prächtige Steinmetzarbeiten aus. Viele von ihnen können auch jetzt noch in Kairo besichtigt werden.

*Eine Moscheelampe aus dem 14. Jahrhundert. Sie trägt den Namen von Al Malik An Nasir, einem der bedeutendsten mameluckischen Sultane.*

*Die Kuppel der 1474 fertiggestellten Sultan-Kait-Bei-Moschee in Kairo.*

# Das Mogulreich

Die Moguln waren eine muslimische Dynastie, die vom 16. bis zum 18. Jahrhundert über weite Teile Indiens herrschte. Sie kamen aus Afghanistan und Usbekistan in Zentralasien und führten ihre Abstammung auf Timur Leng und Dschingis Khan zurück. Das Mogulreich wurde 1526 von Babur begründet, nachdem er den Sultan von Delhi in der Schlacht von Panipat besiegt hatte. Babur war der erste von sechs großen Mogulherrschern – Babur, Humajun, Akbar, Dschahangir, Schah Dschahan und Aurangsib –, die alle weise und tüchtige Herrscher waren. Im 18. Jahrhundert begann das Mogulreich zu zerfallen; der letzte Mogul wurde 1858 von den Briten abgesetzt.

*In der Mogulzeit spielte die Musik eine wichtige Rolle. Bei Ereignissen wie Hochzeiten oder anderen Festen sangen und tanzten sie und spielten auf Instrumenten wie Trompeten, Trommeln und Tamburinen.*

### Hofleben

Mit dem Bau von Fatehpur Sikri, Akbars Hauptstadt, wurde 1571 begonnen. Dort umgab sich Akbar mit Dichtern, Malern und Musikern; außerdem förderte er Diskussionen zwischen Angehörigen verschiedener Glaubensrichtungen. Der Tag bei Hofe begann mit Sitzungen, bei denen alle Regierungsgeschäfte besprochen wurden. Das Eintreffen des Herrschers wurde mit dem Schlagen einer großen Trommel angekündigt. Nachmittags und abends empfing Akbar zu Besuch gekommene Würdenträger oder ließ sich unterhalten, zum Beispiel mit dem Vortrag von Gedichten oder Elefantenkämpfen.

*Eine Szene am Mogulhof. Akbar der Große unterhielt einen prächtigen Hof, an dem Zeremonien einen breiten Raum einnahmen.*

Akbar der Große war der Enkel von Babur; er gilt als der bedeutendste der Mogulherrscher.

## Mongolische Vorfahren

Babur (1485–1530), der erste Mogulherrscher, behauptete, väterlicherseits von Timur Leng und mütterlicherseits von Dschingis Khan abzustammen. Die Moguln waren überaus stolz auf ihre Vorfahren. Wie diese war Babur ein brillanter Feldherr, der schon im Alter von 13 Jahren einen erfolgreichen Feldzug gegen Timurs einstige Hauptstadt Samarkand führte. Allerdings musste er die Stadt schon nach drei Monaten wieder aufgeben, und obwohl er viele Jahre darauf verwandte, gelang es ihm nicht, Samarkand noch einmal zu erobern.

*Der Tod Timurs. Diese Minatur stammt aus einer Geschichte der Timuriden, die in der Regierungszeit Akbars geschrieben wurde.*

*Ein mit Edelsteinen besetzter Turbanschmuck.*

*Dieses Gefäß entstand um 1700. Es wurde von Kunsthandwerkern der Mogulzeit in einer Technik hergestellt, die vermutlich aus Europa stammt.*

## Akbar der Große

Akbar bestieg im Alter von 13 Jahren den Thron. Er brachte sein Reich rasch unter Kontrolle und vergrößerte es während seiner Regierungszeit ständig. Jeden Aufstand gegen seine Macht schlug er erbarmungslos nieder, verhielt sich aber den anderen Religionen Indiens, insbesondere dem Hinduismus, gegenüber sehr tolerant. Er ließ in Fatehpur Sikri in der Nähe von Agra eine neue Hauptstadt errichten. Außerdem baute er die Verwaltung seines riesigen Reichs aus, indem er es in Provinzen aufteilte und in jeder einen Statthalter einsetzte.

## Förderer der Künste

Die Künste erlebten unter den Moguln eine Zeit der Hochblüte. Das besondere Interesse von Akbar und seinem Sohn Dschahangir galt der Malerei. Der überwiegende Teil der Malereien, die von Künstlern an Akbars Hof geschaffen wurden, sind herrliche Miniaturen (siehe oben); sie dienten zur Illustration von Büchern wie dem Akbarnama (einer Geschichte von Akbars Regierungszeit). Ihren Höhepunkt erreichte die Kunst der Miniaturmalerei unter Schah Dschahan mit der Darstellung von Tieren und Jagdszenen, die den Herrscher und sein Gefolge zeigen.

*Dieser mit einem Blumenmuster bestickte Jagdrock gehörte dem Mogulherrscher Dschahangir.*

*Dieser Mogulkünstler hämmert das Papier, das er bemalen will. Die Moguln liebten Bücher und gründeten große Bibliotheken mit herrlichen Manuskripten. Die Alltagssprache war Türkisch, aber literarische Werke wurden in Persisch geschrieben.*

## Die Architektur der Mogulzeit

Akbars Hauptstadt Fatehpur Sikri ist nur eine der architektonischen Leistungen, die wir noch heute bewundern können. Die Moguln ließen prächtige Festungen, Paläste und Grabmäler erbauen. Solche Bauten verherrlichten den Herrscher und verkündeten der Welt seine absolute Macht und seinen Reichtum. Die wohl berühmteste Hinterlassenschaft der Moguln ist der Tadsch Mahal in Agra, den Schah Dschahan für seine Gemahlin Mumtas Mahal erbauen ließ.

*Die Halle für Privataudienzen im Palastkomplex Akbars in Fatehpur Sikri.*

*Mit dem Bau des Tadsch Mahal aus weißem Marmor wurde 1632 begonnen.*

# Safawiden und Usbeken

Die Safawiden stammen aus Aserbeidschan und erhielten ihren Namen nach dem Sufi-Ordensmeister Safijjodin (1252–1334). Die Safawiden-Dynastie wurde 1501 von Ismail I. begründet, der rasch Teile des heutigen Iran eroberte. Die Safawiden waren Schiiten und machten den schiitischen Islam zur Staatsreligion. Ihren Höhepunkt erreichte die Safawiden-Dynastie unter Schah Abbas dem Großen (1587–1629).

## Isfahan

Um 1597 beschloss Abbas, die Hauptstadt des Safawidenreichs nach Isfahan zu verlegen. Dort entstand eine neue Stadt, deren Bau viele Jahrzehnte dauerte und Tausenden von Baumeistern und Handwerkern Arbeit gab. Den Mittelpunkt der Stadt bildete ein riesiger rechteckiger Platz für Märkte, Hinrichtungen und Spiele wie Polo. An einer Seite des Platzes stand die Lotfalla-Moschee, an einer weiteren die Königsmoschee und an der Westseite der Palast des Schahs. Der Weg in den überdachten Basar führte durch einen gewaltigen Bogen.

*Abbas der Große*

1. Die Basare waren überdacht.
2. Innerhalb eines Basars gab es zahlreiche Arkaden und Gassen.
3. Ein Stand
4. Teppiche und Seidenstoffe wurden im Basar feilgeboten.
5. Eine Werkstatt

*Dieser Helm gehörte Abbas dem Großen. Er wurde aus Stahl und Gold angefertigt, mit einem verstellbaren Nasenteil und einem feinmaschigen Netz zum Schutz von Gesicht und Hals.*

## Basare und Handelszentren

Die riesigen Basare in Städten wie Isfahan und Buchara waren zum Schutz gegen die heiße Sonne überdacht. Drinnen gab es Verkaufsstände und Werkstätten, und in den meisten Basaren gab es spezielle Bereiche für bestimmte Waren – Gewürze, Baumwolle, Seide, Teppiche, Lederwaren, Nahrungsmittel, Schmuck und Metallwaren. Tagsüber herrschte dort ein lautes, geschäftiges Treiben, aber Beamte sorgten unnachsichtig dafür, dass die Händler Standardmaße und -gewichte benutzten und die Qualität ihrer Waren nicht nachließ.

*Ein Mann beim Spinnen des Garns für einen Teppich.*

## Die Usbeken

Die Usbeken führten ihre Abstammung auf Timur Leng und Dschingis Khan zurück. Im 15. Jahrhundert gelang es Abul Khair, die usbekischen Stämme zu einer Konföderation zu vereinigen. Sie zogen nach Süden und eroberten Anfang des 16. Jahrhunderts unter Führung von Abul Khairs Enkel Muhammad Schaibani Samarkand und Buchara. Die Dynastie der Schaibaniden machte Buchara zu ihrer Hauptstadt und ließ dort viele herrliche Moscheen erbauen. Im 17. Jahrhundert spaltete sich die usbekische Konföderation in drei Khanate (von einem Khan regierte Gebiete) auf: Buchara, Chiwa und Kokand.

*Die Usbeken kämpften mit den Mogulherrschern um den Besitz von Samarkand. Diese Miniatur zeigt Babur beim Einzug in Samarkand im Jahr 1500. Aber die Usbeken vertrieben ihn rasch wieder.*

*Abbas der Große ließ Ming-Vasen und andere keramische Erzeugnisse aus China importieren, um seine persischen Handwerker einen neuen Stil zu lehren.*

## Persische Kunst

Isfahan entwickelte sich zum künstlerischen Zentrum des Safawidenreichs. In der Stadt siedelten sich viele Werkstätten an; eine besonders wichtige Rolle spielte die Teppichknüpferei. Die meisten Teppiche wurden aus Wolle und manchmal auch Baumwolle hergestellt, aber für besonders feine Exemplare wurde Seide verwendet. Beliebte Muster waren Blüten und Tiere. In anderen Werkstätten wurden Gegenstände aus Glas und Metall angefertigt sowie feine Keramiken, die oft den Einfluss des blau-weißen Porzellans der chinesischen Ming-Zeit erkennen ließen.

# Das Osmanische Reich

Die Osmanen waren türkische Stämme, die aus Zentralasien kamen und sich in Anatolien (in der heutigen Türkei) ansiedelten. Im 14. Jahrhundert begannen sie mit der Eroberung benachbarter Provinzen. Diese Expansion dauerte das ganze 15. Jahrhundert hindurch an, und 1453 eroberten die Osmanen Konstantinopel (das heutige Istanbul) und machten es zur Hauptstadt ihres Reichs. Unter Sultan Suleiman I. erreichte es seinen Höhepunkt. Nach dessen Tod setzte ein Niedergang ein. Das offizielle Ende des Osmanischen Reichs kam 1922.

*Die Janitscharen waren eine Elitetruppe. Sie rekrutierten sich aus Kriegsgefangenen und Sklaven, aber auch aus christlichen Bauernfamilien. Die Janitscharen waren dem Sultan extrem treu ergeben.*

*Suleiman der Prächtige, der von 1520 bis 1566 regierte, war ein brillanter Feldherr und Organisator und außerdem ein Förderer von Kunst und Literatur.*

## Suleiman der Prächtige

Das Osmanische Reich ist nach seinem ersten Anführer benannt – Osman, der die Dynastie im 13. Jahrhundert begründete. Unter Osmans Nachfolgern wurde das Reich ständig erweitert, und unter Suleiman I. war es das größte und mächtigste Imperium der Welt. Die Osmanen verließen sich auf ein gut ausgebildetes Heer und insbesondere auf die Elitetruppe der Janitscharen – Sklaven und Kriegsgefangene, die zum Islam übergetreten waren. Mit Hilfe dieser Truppen eroberte Suleiman Ungarn und große Teile Nordafrikas. Wegen der Pracht seines Hofes nannten die Europäer ihn den „Prächtigen".

## Der Topkapi-Palast

Im Topkapi-Palast in Konstantinopel residierte der osmanische Hof. Der Palast erstreckte sich über eine Fläche von neun Hektar und enthielt zahlreiche Innenhöfe, die zum Teil – zum Beispiel für Empfänge und Festlichkeiten – zugänglich waren. Andere waren dem Sultan und den Frauen seines Hofes (dem Harem) vorbehalten.

*Ein Hof im Topkapi-Palast. In diesem Palast residierten der Sultan und sein Hof, und vom 16. Jahrhundert an war er auch Sitz der Regierung des Osmanischen Reiches.*

## Die osmanische Gesellschaft

Das riesige Osmanische Reich wurde von Konstantinopel aus zentral verwaltet, und unter Suleiman I. wurde das Rechtswesen reformiert. In seinem Reich musste jeder Steuern zahlen, die gewissenhaft aufgezeichnet wurden. Die Menschen hingen verschiedenen Religionen an, aber die Osmanen waren ihren christlichen und jüdischen Untertanen gegenüber tolerant. Die Männer trugen ihrer Religion entsprechend verschiedenfarbige Turbane – Muslime weiße, Juden gelbe und Christen blaue.

*Im Osmanischen Reich wurde sehr auf Recht und Ordnung geachtet. Dieser Mann wird verprügelt, weil er es versäumt hatte, die Straße vor seinem Haus sauber zu halten.*

## Die türkischen Bäder

Überall im Reich der Osmanen gab es öffentliche Bäder, die Hammame genannt wurden. Sie wurden von Menschen aller Gesellschaftsschichten benutzt und von Männern und von Frauen – allerdings zu verschiedenen Zeiten. Zu vielen Hammamen gehörten ein Schwimmbecken, Dampfbäder und Massage- und Ruheräume. Ein Hammam war mehr als ein Ort, an dem man sich säuberte. Er war ein Treffpunkt, und bei wichtigen Ereignissen im Leben eines Menschen wurden im Hammam auch Feiern veranstaltet.

## Künste in der osmanischen Zeit

Die Osmanen waren große Förderer der Künste. In Konstantinopel ließen sie viele schöne Bauwerke errichten, von denen die Suleiman-Moschee das beachtlichste ist. Sie wurde von dem großen Architekten Sinan entworfen und während der Regierungszeit von Suleiman I. erbaut. Suleiman förderte auch andere Künste, darunter Kalligraphie, Malerei, Keramik und Teppichknüpferei.

*Zwei Sklavinnen (oben) tragen die Utensilien ihrer Herrin zum Hammam. Dazu gehörten Handtücher, Holzpantinen, eine Schale zum Begießen mit Wasser, Seife, ein Massagehandschuh und ein Kästchen, in das der Schmuck der Herrin gelegt wurde, wenn sie sich auskleidete.*

*Eine Moscheelampe, hergestellt in der Regierungszeit von Suleiman I.*

*Unten: Eine Szene in einem Hammam.*

# Die Ausbreitung des Islam

Der Islam begann im Nahen Osten als Religion der Araber. Er breitete sich rasch aus und gelangte zu Menschen anderer Nationalitäten und anderer Glaubensrichtungen, die Muslime wurden. Heute ist der Islam eine Weltreligion mit mehr als einer Milliarde Anhängern. Nur ungefähr 20 Prozent von ihnen sind arabischer Herkunft. In Afrika fasste der Islam zunächst im Norden des Kontinents Fuß. Er wurde von Händlern durch die Sahara nach Süden und von anderen an der Ostküste Afrikas entlang getragen. In den Fernen Osten gelangte er durch Kaufleute, die den Indischen Ozean überquerten, und durch andere, die lange Landreisen unternahmen, zum Beispiel auf der Seidenstraße nach China.

*Usbekische Muslime beim Gebet in einer Moschee.*

*Diese Gebetsperlen stammen aus dem Westsudan. Sie sind ein Andenken an die Pilgerreise eines afrikanischen Muslims nach Mekka.*

## Der Islam in Afrika

Als der Islam Westafrika erreichte, existierte die neue Religion anfangs neben den alten Stammesreligionen. Im 11. Jahrhundert eroberten die Almorawiden unter ihrem Anführer Jusuf Ibn Taschfin den größten Teil von Marokko und versuchten, ihre Untertanen zu strenggläubigen Muslimen zu machen. Im 12. Jahrhundert wurden sie von den Almohaden gestürzt. In dieser Zeit breiteten sich die Kenntnis und das Studium des Korans über alle muslimischen Teile Afrikas aus. Eine Folge davon war, dass die Herrscher der afrikanischen Königreiche zu begeisterten Anhängern des Islam wurden, während ihre Untertanen auch weiterhin ihre Stammes-Gottheiten verehrten.

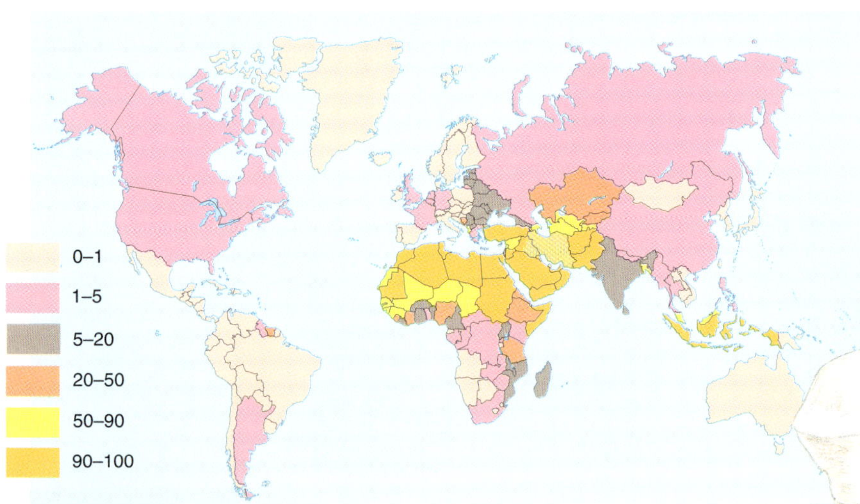


*Die Karte zeigt den prozentualen Anteil der Muslime an der Bevölkerung eines Landes.*

*Heute gibt es Muslime fast überall in der Welt. Die meisten leben in Indonesien, und auch in Pakistan, Indien und Afrika gibt es zahlreiche Muslime. Auch in Westeuropa und in Nord- und Südamerika hat der Islam viele, zum Teil strenggläubige Anhänger.*

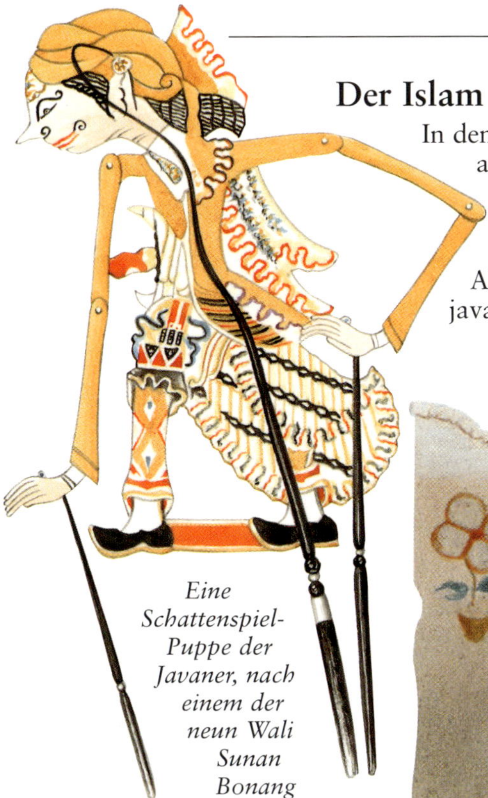

## Der Islam im Osten

In den an Arabien angrenzenden Ländern wurde der Islam durch Kriege verbreitet, aber in weiter entfernte Länder gelangten die Nachrichten über die neue Religion durch Kaufleute. Auf der indonesischen Insel Java zum Beispiel wird die Vermittlung des Islam neun „Wali" oder Lehrern zugeschrieben. Im Fernen Osten machte sich der Islam auch im Alltagsleben und in der Kunst bemerkbar. So bezogen zum Beispiel javanische Puppenspieler islamische Geschichten in ihr Repertoire ein.

*Eine Schattenspiel-Puppe der Javaner, nach einem der neun Wali Sunan Bonang genannt.*

*Zur Feier der Rückkehr von der Hadsch malen Muslime Bilder der Kaaba an ihre Häuser.*

*Nachdem sie von der Hadsch zurückgekehrt waren, entschieden sich im 19. Jahrhundert einige indonesische Pilger für eine stärker arabisch geprägte Kleidung. Obwohl zwischen ihnen und den Arabern heute kaum noch Kontakte bestehen, lernen Indonesier noch heute Arabisch und legen sich einen arabischen Namen zu.*

*Eine Familie chinesischer Muslime feiert das Ende des Fastenmonats Ramadan. Dieses Fest, das Id al-Fitr genannt wird, dauert drei Tage und wird mit Festmählern begangen. Die Leute schrieben sich Karten mit dem Gruß „Id Mubarah" (Frohes Fest) und suchten die Moschee für spezielle Gebete auf.*

## Islamische Feste

Muslime in aller Welt feiern dieselben Feste. Die wichtigsten sind Id al-Fitr, mit dem das Ende der Fastenzeit des Ramadan gefeiert wird, und Id al-Adha, das Opferfest während des Hadsch. Das sind die beiden obligatorischen Feste des Islam, aber die Muslime begehen noch weitere Anlässe gemeinsam. Der Ramadan ist der neunte Monat des islamischen Jahrs, und diese Zeit ist der vierten Säule des Islam, dem Saum oder Fasten, gewidmet. Während des Ramadan rühren die Muslime in aller Welt keine Nahrung an, bis die Sonne untergeht.

# Register